UNIVERSITÉ DE FRANCE.

ACADÉMIE DE STRASBOURG.

ACTE PUBLIC

POUR LA LICENCE,

PRÉSENTÉ

A LA FACULTÉ DE DROIT DE STRASBOURG

ET SOUTENU PUBLIQUEMENT

le Mardi 18 Août 1857, à midi,

PAR

HENRI-RODOLPHE BURCUBURU,

de Strasbourg (Bas-Rhin).

STRASBOURG,
DE L'IMPRIMERIE D'ÉDOUARD HUDER, RUE DES VEAUX, 27.
1857.

A MES PARENTS.

H. BURGUBURU.

FACULTÉ DE DROIT DE STRASBOURG.

JUS ROMANUM.

De usurpatione et intermissione præscriptionis.

CAPUT PRIMUM.

De usurpationibus.

Usucapio est adjectio dominii per continuationem possessionis temporis lege definiti.

Possessione fit præcipue usucapio; ut autem recte efficiatur, necesse est continuam et non interruptam possessionem esse.

Interruptio possessionis ob quam usucapio interrumpitur, vocatur: usurpatio. Duplex autem est usurpatio : vel naturalis vel civilis.

SECTIO I.

DE NATURALI USURPATIONE.

Naturaliter interrumpitur possessio, quando possessor rei possessionem revera amisit, ante impletam usucapionem.

Et non modo fit interruptio cum rem possessor fortuito, aut negligentia amiserit vel libens omiserit, sed etiam cum quis de possessione vi dejicitur vel alicui res eripitur[1].

1. Dig. De usurpationibus. L. 5.

In naturali usurpatione non adversus eum tantum qui eripit, interrumpitur possessio, sed adversus omnes. Nec eo casu quicquam interest, an pro suo, id est, causa onerosa, quisque possideat, an ex lucrativa causa. Ac ne illud quidem interest, quis possessorem e possessione rei pepulerit; non perquiritur enim utrum ille qui interruptionem fecerit rei dominus ipse sit, nec ne.

Videamus nunc, his dictis, usurpationum diversas species.

Sic interrumpitur possessio loci quem flumen aut mare occupaverit[1].

Sic etiam fit usurpatio quum quis pro donato usucapere incipiens, manumittit; nam videtur eum amisisse possessionem, et ideo usucapionem interruptam.[2].

Interrumpitur etiam possessio, si, is qui possidebat capiatur ab hostibus. Nec refert quod servus ejus, durante captivitate, rem tenuerit; nam neque servus, neque per servum dominus qui apud hostes est, possidet[3].

Possessio adeoque usucapio sistitur quum fundum locavi ei qui dominus hujus fundi sit; nullius tum locatio momenti est, dominus enim non potest rem suam conducere[4].

Idem eveniet si vendam aliquid ei cujus rem capturus eram præscriptione; nam in venditione idem juris est, quod in locatione, ut emptio suæ rei consistere non possit[5].

Similiter adhuc judicandum, quum dominum rei in possessionem misero sive pignore, sive deposito, sive præcario; enimvero neque pignus, neque depositum, neque præcarium rei suæ consistere potest[6]. Sequitur ergo ex præmissis, ut nec locator, nec venditor, nec

1. Dig. De adquirenda vel amittenda possessione. L. 3. § 17.
2. Dig. Pro donato. L. 5.
3. Dig. De usurpat. L. 11.
4. Dig. De reg. jur. L. 45.
5. Dig. De usurpat. L. 21.
6. Dig. De reg. jur. L. 45.

in possessionem mittens, per dominum rei possessionem retinuerit : ideoque usurpatio adveniet.

Possessionem furore ejus qui possidebat interrumpi quibusdam videri poterat; quum illa animo retineatur, furiosi autem voluntas nulla sit. Sed cum qui posteaquam usucapere cœpit, in furorem incidit, utilitate suadente relictum est, ne languor animi damnum etiam in bonis adferat, ex omni causa implere usucapionem [1]. A fortiori non interpellabitur furore ejus qui rem non sibi sed alteri possidet. Unde, si servus meus vel filius peculiari, vel etiam meo nomine ut ego per eum ignorans possideam, vel etiam usucapiam : si is furere cœperit, donec in eadem causa res fuerit, intelligendum est, et possessionem apud me remanere, et usucapionem procedere : sicuti per dormientes quoque eos idem nobis contingeret. Idemque in colono et inquilino, per quos possidemus, dicendum est [2].

Demum animadvertendum est rerum corporalium præscriptionem, cessante patientia, interrumpi.

SECTIO II.

DE CIVILI USURPATIONE.

Usurpatio civilis est ea quæ ex litis contestatione nascitur, cum ad rem quam quis possidet ipsi avocandam judicium ei dictatur.

Discrepat hæc a naturali usurpatione hoc quod tantum utilitati est ei qui usurpationem effecerit.

Sed proprie litis contestatione non sistitur usucapio, quum possessor judicio conventus nihilominus possidere pergat. Sic, si quis alienam rem donaverit, revocare constituerit donationem : etiam si judicium ediderit, remque cœperit vindicare, curret usucapio [3].

---

1. Dig. De usurpat. L. 44. § 6.
2. Dig. De usurpat. L. 31. § 3.
3. Dig. Pro donato. L. 2.

Idem est si dominus rei controversiam fecerit.

Si rem alienam emero : et cum usucaperem eamdem rem dominus a me petierit non interpellari usucapionem meam litis contestatione. Sed si litis æstimationem sufferre maluerim, ait Julianus, causam possessionis mutari ei qui litis æstimationem sustulerit. *

Idemque esse si dominus ei qui rem emisset a non domino , donasset [1].

Etsi autem ex litis contestatione usucapio non interrumpetur quidem proprie et subtilitate juris, tamen effectu juris sistitur et impeditur, si petitor rem suam tunc fuisse probaverit : quia, quamvis inter judicii moras usucaptam, condemnatus possessori restituere rem cogitur, perinde ac si usucapta non fuisset.

Sic in usucapione fit ; quod vero ad longi temporis præscriptionem attinet, censemus eam per contestationem. litis ipso jure interruptam fuisse. Nam, longi temporis præscriptio iis , qui bona fide acceptam possessionem, et continuatam nec interruptam inquietudine litis tenuerunt, solet patrocinari [2].

Sed hanc tollit differentiam Justinianus, sanciendo, denuntiationem præsidi provinciæ factam sufficere ad plenissimam interruptionem. Si impossibilis videtur denuntiatio, adversario absente, vel altera justa causa constante, sufficit, ait imperator, ut publice proponat ubi domicilium habet qui possessor seu cum tabulariorum subscriptione, vel si civitas tabularios non habeat, cum trium testium subscriptione : et hoc sufficere ad omnem temporalem interruptionem , sive triennii , sive longi temporis, sive triginta vel quadraginta annorum sit [3].

Civilis interruptio actiones sequitur. Interest enim reipublicæ ut tempore lege definito actiones apud judicem evocentur : quod si eo tempore non evocetur actio, præscriptione extinctiva, extinguitur.

1. Dig. Pro emptore. L. 2. § 21.
2. Cod. De præscript. long. temp. 10 vel 20 ann. L. 2.
3. Cod. L. 2. De annal. except. et L. 5. § 1. De recept. arbitr.

DE EFFECTU UTRIUSQUE USURPATIONIS.

Præscriptionis interruptione efficitur ut non valeat ad implendam præscriptionem tempus quod ante interruptionem cucurrit.

Nova autem præscriptio ab eo tempore currere potest quo interruptio cessaverit : sed notandum, quod, si quis bona fide possidens, ante usucapionem amissa possessione, cognoverit rem esse alienam et iterum nanciscatur possessionem, non capiet usu : quia initium secundæ possessionis vitiosum est[1].

CAPUT SECUNDUM.

De præscriptionis intermissione.

Quum præscriptio suspenditur, hoc est duntaxat intermissio præscriptionis.

Ab usurpatione discrepat intermissio præscriptionis, eo quod, præscriptione suspensa, tempus quod ante cucurrit non deletur, potest autem addi ei tempori quod post intermissionem præscriptionis solutam curret.

Conveniunt omnes præscriptionem ex negligentia oriri : igitur ubi non est negligentia et ibi haud justum esset præscriptionem currere : Inde regula : «Contra non valentem agere non currit præscriptio» quam interpretes in lege 1, § 2. Cod. De annal. except. qaæsiverunt. Videamus nunc cui præscriptio suspendatur. Suspenditur :

Primo, quandiu hi adversus quos præscribitur absunt reipublicæ causa. Tales sunt milites tempore expeditionis, nam, tempus expeditionis adversus petitiones, si quæ competisse juste probari possunt, præscriptionem non parit[2].

1. Dig. De usurpat. L. 15. § 2.
2. Cod. L. 1. quib. non objic.

Secundo, quandiu hi adversus quos præscribitur ob absentiam ex quacumque causa agere non potuerint, etenim si possessio inconcussa sine controversia perseveravit, firmitatem suam teneat objecta præscriptio, quam...... maxime fortuito casu, nequaquam valere decernimus [1].

Tertio, quandiu hi adversus quos præscribitur circa principem occupati sunt. Tales sunt medici, quod clare apparet ex lege 2, Cod. Quib. non objic.

Quarto, suspenditur præscriptio minoribus per minoris tantum ætatis tempus: eaque enim tunc currere incipit, quando ad majorem ætatem dominus rei pervenerit [2].

Longissimi autem temporis præscriptio currebat adversus minores, sed illis licebat quærere restitutionem in integrum [3].

Quinto, suspenditur præscriptio filiisfamilias quum habent res non acquisitas patribus, nisi ex tempore quo actionem movere potuerint, id est, postquam manu paterna fuerint liberati. Quis enim incusare eos poterit, si hoc non fecerint, quod etsi maluerint, minime adimplere, lege obviante, valebant [4].

Sexto, suspenditur mulieri in rebus dotalibus sicut constat ex lege 50, Cod. De jure dotium.

Septimo, quandiu hi adversus quos præscribitur, captivi sunt. Etenim, ab hostibus capti ac postliminio reversi, actione in rem directa, vel qualibet alia dominium vindicando, temporis adversarii possessionem frustra timent: cum adversus eos qui restitutionis auxilio quacumque ratione juvantur, hujus modi factum non opituletur [5].

Præter his personalibus causis quas numeravi, aliæ sunt quæ veniunt aliunde, nec sunt personales: nascuntur ex eo quod creditori,

1. Cod. Quib. non objic.
2. Cod. L. 3. h. t.
3. Cod. L. 5. In quib. caus. in integr.
4. Cod. L. 1. § 2. De annal. except.
5. Cod. L. 6. Quib. non objic.

dum actio non movetur, nulla negligentia objici potest. Sic, non currit præscriptio adversus creditum conditionale ante conditionis exitum; neque currit adversus creditum diei certæ vel incertæ ante lapsum temporis impletum : dies enim incertus pro conditione habetur. Unde evenit, ut in matrimoniis, in quibus redhibitio dotis, vel ante nuptias donationis, in diem incertam mortis vel repudii differri solet, post conjugii dissolutionem earumdem curricula præscriptionum personalibus itidem actionibus vel hypothecariis opponendarum initium accipiant[1].

Non legem in codicibus romanis invenimus, qua interdictis suspendatur præscriptio.

Notandum demum est, quoad minores[2], filiosfamilias[3], et mulieres in rebus dotalibus[4] spectat, præscriptionem extinctivam actionum iisdem personis quoque suspendi.

1. Cod. L. 7. § 4. De præscript. 30 vel 40 annor.
2. Cod. L. 3. De præscript. 30 vel 40 annor.
3. Cod. L. 4. De bonis quæ liber. in potestate.
4. Cod. L. 30. De jure dotium. (In fine.)

DROIT CIVIL FRANÇAIS.

DES CAUSES QUI INTERROMPENT OU QUI SUSPENDENT LA PRESCRIPTION.

Liv. III. Tit. XX. — Art. 2242 à 2259.

INTRODUCTION.

Le Droit français admet deux espèces de prescriptions : la prescription aux fins d'acquérir et la prescription aux fins de se libérer.

La première peut être définie : «L'acquisition de la propriété par la possession paisible et non interrompue qu'on en a eue pendant le temps réglé par la loi» (Poth. sur Orléans, t. 14, Introd. nº 1).

La seconde, c'est-à-dire la prescription à l'effet de se libérer, est une fin de non-recevoir qu'un débiteur peut opposer contre l'action du créancier qui a négligé de l'exercer, ou de faire reconnaître son droit pendant le temps réglé par la loi (Id., Introd. nº 30).

Parmi les règles en grande partie communes à la prescription aux fins d'acquérir et à la prescription aux fins de se libérer, se trouvent celles qui sont relatives aux causes d'interruption et de suspension. Nous allons successivement les passer en revue.

CHAPITRE PREMIER.

De l'interruption.

SECTION Ire.

NOTIONS GÉNÉRALES.

Interrompre une prescription qui a déjà son cours, c'est lui apporter un obstacle qui rende inutile le temps écoulé, et la force à recommencer comme si elle n'avait jamais eu de principe d'existence. Il faut donc, pour l'accomplissement de toute prescription, que le cours n'en soit pas interrompu, c'est-à-dire, s'il s'agit de la prescription à l'effet de se libérer, qu'il n'y ait point d'interruption dans la négligence ou l'inertie de celui contre lequel on prescrit, et qu'il n'y ait point d'interruption dans la possession de celui au profit duquel elle court, s'il est question de la prescription à l'effet d'acquérir.

Le Code admet trois modes d'interruption de la prescription :

1º L'interruption naturelle ;

2º L'interruption civile ;

3º L'interruption par reconnaissance (art. 2248).

Les rédacteurs du Code civil ont confondu en un seul titre les règles relatives aux deux espèces de prescription. Cette confusion a soulevé la question que nous allons examiner.

Chacune de ces prescriptions est-elle à la fois susceptible soit d'interruption naturelle, soit d'interruption civile, soit enfin de l'interruption par la reconnaissance de celui au profit de qui courait la prescription ?

Il nous semble que la question peut être résolue au moyen d'une distinction :

Quant à l'interruption par reconnaissance, il ne peut y avoir de

doute ; elle s'applique à l'une et à l'autre prescription. L'art. 2248 est
formel à cet égard ; il porte : « La prescription est interrompue par la
reconnaissance que le *débiteur* ou le *possesseur* faît du droit de celui
contre lequel il prescrivait. »

La prescription à l'effet d'acquérir est susceptible d'interruption naturelle ; il semble en être de même de la prescription à l'effet de se libérer. En effet, si l'art. 2243 ne s'applique qu'à la première de ces
prescriptions, est-ce à dire pour cela que la seconde n'est pas susceptible d'interruption naturelle ? Non, car elle peut également s'interrompre naturellement et matériellement par le fait même de l'usage,
de l'exercice du droit dont l'on avait négligé d'user pendant un certain temps (Zachariæ, MM. Aubry et Rau, t. Ier, p. 448).

Ce qui a pu soulever des difficultés, c'est que l'exercice de ce droit
se manifeste souvent par des actes auxquels la loi a attaché l'effet d'interrompre civilement la prescription.

Quant à l'interruption civile, elle ne s'applique pas également aux
deux espèces de prescriptions. Dans la prescription à l'effet d'acquérir
l'interruption portant sur la possession, la question est de savoir si
celle-ci est ou non susceptible d'interruption civile ; or, la possession,
étant un fait, ne peut être interrompue que comme tel, c'est-à-dire
qu'il faut qu'un tiers prive celui qui veut prescrire de la garde de
l'immeuble dont il était en possession, ou qu'il l'empêche d'exercer la
servitude dont il avait la jouissance, ou bien encore qu'un événement
de la nature place le prescrivant dans l'impossibilité absolue et per-
pétuelle de jouir de l'immeuble ou de la servitude. La prescription à
l'effet d'acquérir n'est donc pas susceptible d'interruption civile, par
cela même que la possession ne l'est pas. Quant à la prescription à
l'effet de se libérer, il n'y a pas de difficulté : tous les auteurs la con-
sidèrent avec raison comme susceptible d'interruption civile.

Cela posé, nous allons parler des différentes espèces d'interruption
de la prescription.

SECTION II.

DE L'INTERRUPTION NATURELLE.

L'interruption naturelle est celle qui a lieu lorsque le possesseur est privé matériellement de la chose dont il jouissait et qu'une autre possession vient prendre la place de la sienne. C'est ce qu'avait dit Gaius [1], et c'est ce que répète le Code à l'art. 2243 : «Il y a interruption naturelle lorsque le possesseur est privé pendant plus d'un an de la jouissance de la chose soit par l'ancien propriétaire, soit par un tiers.»

Il résulte des termes même de l'article que : 1° Quelle que soit la personne du fait de laquelle procède l'éviction, il y aura interruption naturelle ; 2° la possession ne serait pas interrompue si le possesseur s'abstenait de jouir de la chose pendant un an sans qu'aucune possession étrangère vienne s'entremêler à la sienne : la loi exige le fait d'autrui ; il faut du reste remarquer, et c'est très-important, que l'intention suffit pour retenir la possession ; 3° il faut que l'interruption soit de plus d'un an. La loi n'attache aucun effet à un simple trouble, à une dépossession passagère ; mais d'un autre côté elle ne distingue pas si la nouvelle possession est légitime ou injuste ; pourvu que le possesseur ait été privé de sa possession par le fait de l'homme pendant plus d'un an, de quelque manière que ce soit, il y aura interruption de la prescription (Poth., Traité de la prescription, n° 40). Pourquoi ce délai ? Le législateur n'a pas voulu subordonner l'interruption de prescription, qui doit produire des effets si importants, à une interruption simplement passagère de la possession.

Voici ce que disait à ce sujet M. Bigot de Préameneu, orateur du gouvernement, dans son exposé des motifs du titre de la prescription :

«..... On a considéré que, si l'occupation momentanée d'un fonds

---

1. Dig. Loi 5. De usurpationibus.

«suffisait pour priver des effets de la possession , ce serait une cause
«de désordre ; que chaque possesseur serait à tout moment exposé à
«la nécessité d'avoir un procès pour justifier de son droit de pro-
«priété.

«..... La règle de la possession annale a toujours été suivie en France
«à l'égard des immeubles; elle est la plus propre à maintenir l'ordre
«public. C'est pendant la révolution d'une année que les fruits d'un
«fonds ont été recueillis; c'est pendant une pareille révolution qu'une
«possession publique et continue a pris un caractère qui empêche de
«la confondre avec une simple occupation.

«Ainsi, nul ne peut être dépouillé du titre de possesseur que par la
«possession d'une autre personne pendant un an , et , par la même
«raison, la possession qui n'a pas été d'un an n'a pas interrompu la
«prescription.»

Il peut cependant arriver que, si même la possession de l'interrup-
teur avait duré pendant plus d'un an, elle n'aurait pas pour effet d'interrompre la prescription. Je suppose qu'avant l'expiration du délai
requis, l'ancien possesseur a intenté une action possessoire dont l'issue
lui a été favorable, même si le jugement de restitution n'est survenu
que postérieurement à l'expiration du délai, la prescription n'aurait
pas été interrompue. En effet, le jugement au possessoire l'aura réin-
tégré dans sa possession comme s'il n'en avait jamais été privé.

Un cas de force majeure qui empêcherait la possession pendant
plus d'un an ne saurait avoir pour effet d'interrompre la prescription;
car, dans ce cas, le possesseur, tout en perdant de fait la possession,
la conserve cependant par l'intention; du reste, d'après l'art. 2243 on
ne doit tenir compte que de l'interruption occasionnée par le fait de
l'homme, et point de l'interruption provenant d'un cas de force majeure [1].

Le simple non-usage d'une chose pendant un certain temps n'est

1. Arrêt de la Cour d'Amiens, 17 mars 1825.

pas non plus une cause d'interruption, surtout si le droit se conserve par des vestiges et si l'adversaire est resté dans un état d'inertie[1].

Après l'interruption de la prescription qui a pour effet de rendre inutile le temps qui a précédé cette interruption, si l'ancien possesseur rentre dans la possession de la chose, une nouvelle prescription recommencera à courir à son profit. Ce sera un nouveau travail qui se fera avec les mêmes données, le même but et les mêmes éléments. Si donc le possesseur avait eu titre et bonne foi, la prescription s'accomplira par 10 ou 20 ans; mais s'il était survenu pendant l'interruption quelque circonstance éversive de la bonne foi, la nouvelle prescription ne pourra se réaliser que par une possession trentenaire. La raison en est que la prescription décennale n'est pas possible quand la bonne foi manque à son origine, et que le seul point à considérer ici, c'est la reprise de la possession qui donne naissance à une ère toute nouvelle.

SECTION III.

DE L'INTERRUPTION CIVILE.

L'interruption naturelle résulte de faits purement matériels et d'une occupation physique. L'interruption civile, au contraire, se fait par des actes spéciaux que la loi prend soin de formuler, et à qui elle donne, par l'effet d'une disposition arbitraire, la vertu d'interrompre la prescription. Ces actes sont : la citation en justice, le commandement ou une saisie signifiés à celui qu'on veut empêcher de prescrire.

Cette interruption cependant peut dans certains cas être considérée comme non avenue (art. 2247). Nous allons parcourir d'abord les cas où elle est valable, et dans une 2e division, nous verrons les cas où elle est à considérer comme non avenue.

1. Troplong, Prescr. n° 549. — Arrêt de la Cour de Nancy, du 23 avril 1834.

PREMIÈRE DIVISION. — *Validité de l'interruption.*

L'art. 2244 contient la disposition suivante : «Une citation en justice, un commandement ou une saisie, signifiés à celui qu'on veut
empêcher de prescrire, forment l'interruption civile.» Cet article n'est
pas limitatif, car nous pourrons l'étendre, sans nous mettre en con-
tradiction avec la loi, à des cas non prévus ici.

§ Ier. *Citation en justice.*

Contrairement à ce qui avait été établi par le Droit romain [1], mais
se conformant en ceci à notre ancien droit coutumier [2], le Code civil
établit que la simple citation en justice suffit pour interrompre la
prescription, pourvu que l'ajournement intervienne avant son accomplissement, peu importe s'il ne fixe la comparution des parties
qu'à une époque postérieure.

Les mots : citation en justice doivent s'entendre d'une manière
large et comme synonymes de : demande en justice; la coutume du
Bourbonnais était rédigée dans ce sens [2].

En partant de là, nous regarderons comme interruptive de prescription une demande reconventionnelle faite par acte d'avoué à
avoué dans le cours d'une instance; il en sera de même d'une inter-
vention dans une instance liée avec conclusions pour le désistement.

Nous attribuerons le même caractère à la réclamation formée par
les créanciers d'être admis au passif de la faillite [3], et à une demande
formée par production à un ordre [4].

1. Paul, L. 2, § 21, Dig. Pro emptore.
2. Coutume de Bourbonnais : «Toutes prescriptions sont interrompues par ad-
journements libellés, exploit formel déclaratif de la chose querellée, ou, par
demande judiciaire.»
3. M. Troplong, Tom. II, § 563.
4. M. Merlin, Quest. de droit. Interrupt. de prescr. (Dall., Prescript. p. 260.
Grenoble, 2 juin 1831.)

Le Code prévoit encore deux cas d'interruption relatifs à la citation en justice. Ce sont :

1° *Citation en conciliation.* — La loi a attaché à la citation en conciliation l'effet d'interrompre la prescription du jour de sa date, lorsqu'elle est suivie d'une assignation en justice donnée dans les délais de droit (art. 2245). Ce délai est de un mois à dater du jour soit de la non-comparution ou de la non-conciliation, soit de la comparution volontaire des parties devant le juge de paix (art. 48 et 57, C. de proc. civ.). L'assignation opèrera donc avec effet rétroactif au jour de la citation en conciliation, si elle est donnée dans ce délai. Par conséquent la citation donnée avant l'écoulement des délais pour prescrire interromprait la prescription même au cas où l'assignation n'interviendrait qu'après l'accomplissement de celle-ci, pourvu toutefois que l'assignation soit donnée dans le mois. La comparution volontaire des parties au bureau de paix semble avoir le même effet que la citation en conciliation (art. 48, C. de proc. civ.)[1]. Nous pensons encore avec M. Vazeille[2] (n° 191), Zachariæ (tom. Ier, p. 449), et par argument de l'art. 2246, que si même la citation en conciliation intervenait dans une affaire qui est dispensée de ce préliminaire, il y aurait interruption de prescription, car l'art. 2245 ne distingue pas. De même (M. Troplong, n° 593) la citation en conciliation est interruptive, lorsqu'elle est suivie dans le mois d'une assignation devant arbitres.

2° *Citation donnée devant un juge incompétent.* — L'art. 2246 porte la disposition suivante : «La citation en justice donnée même devant un juge incompétent interrompt la prescription.» Cette décision est contraire aux lois romaines et fait cesser une divergence d'opinions qui existait sur ce point dans l'ancienne jurisprudence. Pothier[3] inclinait

1. M. Troplong, Tom. II, n° 590. — M. Duranton, Tom. XXI, n° 266, sens contraire.
2. Traité des prescriptions.
3. Pothier, Traité des obligations, n° 662.

vers l'opinion du Droit romain, tout en cherchant à la tempérer en disant, «que dans la rigueur des principes, un ajournement donné devant un juge incompétent n'interrompait pas la prescription; néanmoins, lorsque la compétence avait pu être douteuse, le tribunal, en prononçant sur l'incompétence du juge devant qui l'assignation avait été donnée, renvoyait quelquefois les parties devant le juge qui devait connaître de l'affaire avec cette clause : Pour y procéder en l'état qu'elles étaient lors de l'ajournement.»

Et enfin M. Bigot de Préameneu, orateur du gouvernement, dit «que l'ancien usage de la France était contraire à la loi romaine, que, du reste, cet usage plus conforme au maintien du droit de propriété a été conservé.»

La disposition du Code, qui résout la question d'une manière définitive, nous paraît juste et équitable : car la question de compétence pouvant donner lieu à de graves difficultés, on ne saurait rendre le demandeur victime de son erreur, surtout puisqu'il n'y a pas négligence de sa part.

§ II. *Commandement.*

Le commandement est un acte extrajudiciaire par lequel un huissier commande à une personne de faire ce qu'un jugement l'a condamnée à faire, ou ce à quoi elle s'est engagée en vertu d'un titre exécutoire, en lui déclarant qu'en cas de refus, elle y serait contrainte.

Le commandement est un commencement d'exécution, c'est pourquoi la loi lui a attribué l'effet d'interrompre la prescription. Étant un acte extrajudiciaire, non-seulement le commandement ne se périme pas, mais même, lorsqu'au bout de 90 jours il aurait dû être réitéré et qu'il ne l'a pas été[1], il n'en conserve pas moins sa valeur interruptive.

1. Art. 674, Cod. de procéd. civ.

Le commandement est le seul acte extrajudiciaire auquel la loi ait attaché l'effet d'interrompre la prescription; ainsi une simple dénonciation, une sommation ou interpellation, une inscription prise par le créancier (art. 2180), les actes émanés de l'administration et signifiés au possesseur ne sont pas interruptifs. Il en serait autrement cependant de la sommation de délaisser ou de payer adressée au tiers détenteur conformément à l'art. 2169 : en effet, par son but et ses effets cette sommation tient plus du commandement que de la simple convention; elle ouvre la poursuite et n'est que le préliminaire de l'expropriation forcée : il y a évidemment trouble de possession (M. Troplong, Traité des hypothèques, t. III, n° 801).

Le commandement annulé pour vice de forme ne serait pas susceptible d'opérer une interruption de la prescription.

§ III. Saisie.

La saisie est sans contredit le moyen le plus rigoureux et le plus visible de prouver qu'un créancier ne s'endort pas sur l'exercice de son droit et qu'il entend ne faire aucune faveur à son débiteur.

Quelle que soit l'espèce de la saisie, que ce soit une saisie-arrêt, une saisie immobilière ou une saisie-brandon, elles ont toutes pour effet d'interrompre la prescription[1].

On a prétendu que la saisie-arrêt n'était pas susceptible d'interrompre la prescription, puisqu'elle ne constitue qu'une mesure conservatoire[2], et non une demande judiciaire. L'art. 2244 ne fait aucune différence entre les saisies, et si l'on se rapporte aux art. 557 et suiv. du Code de procédure civile, on verra que la saisie-arrêt appartient, comme toutes les autres saisies, à l'exécution forcée des jugements et autres actes. C'est donc plus qu'un simple moyen conservatoire, et,

1. M. Troplong, n°s 569 et 570. — Pothier, Obligat. n° 662.
2. Cour de Bordeaux, Arrêt du 23 mars 1828.

du reste, quel est le but de la saisie-arrêt? C'est la vente du mobilier et la distribution du prix (art. 579, C. de proc. civ.). N'est-ce pas là une voie d'interruption?

On a encore soutenu, en sens diamétralement opposé, que la saisie-arrêt seule était susceptible d'interrompre la prescription, parce que, disait-on, il n'y a pas de motif d'admettre les autres espèces de saisies comme moyens interruptifs, attendu que le commandement dont elles doivent être précédées, à peine de nullité[1], interrompt à lui seul la prescription. Cette argumentation n'est pas fondée : si la saisie n'a pas été précédée du commandement, elle sera nulle et il n'y aura pas interruption; mais supposons le commandement fait, en résulte-t-il que la saisie qui le suivrait n'aurait aucune utilité quant à l'interruption de la prescription? Non, en effet, une nouvelle prescription recommencerait à courir dès le lendemain du jour du commandement, tandis que si celui-ci est suivi de la saisie il y aura interruption du jour de la signification de celle-ci et pendant toute sa durée.

Remarquons que la saisie ne produit interruption que du jour où elle a été dénoncée à celui que l'on veut empêcher de prescrire (art. 2244), et non du jour où elle aura été formée entre les mains du tiers saisi.

DEUXIÈME DIVISION. — *Non validité de l'interruption.*

Cette division ne se rapporte évidemment qu'à la citation en justice. L'art. 2247 prévoit quatre cas de non validité, ce sont les suivants : 1° l'assignation est nulle pour défaut de forme; 2° le demandeur se désiste de sa demande; 3° il laisse périmer l'instance; 4° la demande est rejetée.

1. Art. 583, 626, 674, Cod. de procéd. civ.

§ Ier. *Assignation nulle par défaut de forme.*

La loi est formelle et le motif que donne l'orateur du gouvernement, c'est que, lorsque les formalités exigées pour que le possesseur soit valablement assigné n'ont pas été remplies, il n'y a pas réellement citation, il ne peut résulter de l'exploit aucun effet. Ces observations sont justes, car la forme extérieure donne à l'assignation l'existence, «*dat esse rei*»; sans cette forme, c'est un acte qui ne fait preuve de rien.

Cette disposition de l'article ne s'étend pas aux nullités provenant d'un défaut de capacité dans la personne qui agit; aussi un incapable, sans y être autorisé, donnerait une assignation à celui qui détient son immeuble, elle aurait pour effet d'interrompre la prescription [1].

D'Argentrée étend cette décision à la femme mariée non autorisée [2]. La nullité de l'assignation peut être demandée en tout état de cause; elle est couverte, si elle n'est proposée avant toute défense ou exception autre que les exceptions d'incompétence (art. 173, C. de proc. civ.).

§ II. *Le demandeur se désiste de sa demande.*

La justice de cette disposition est évidente : le demandeur, par son désistement reconnait lui-même que sa prétention était mal fondée et qu'il renonce à se prévaloir de son assignation et de sa demande. Mais il n'en résulte pas qu'il y a renonciation au droit, à l'action, et que le demandeur a reconnu n'avoir aucun droit. C'est au prescrivant à ne pas accepter le désistement de la simple demande et à faire juger la cause.

§ III. *Le demandeur laisse périmer l'instance.*

Quand y a-t-il péremption d'instance? L'art. 397 du Code de procédure civile nous l'apprend : «Toute instance sera éteinte par la dis-

1. D'Argentrée, sur Bretagne, art. 459. 2.
2. D'Argentrée, sur Bretagne, art. 427.

continuation des poursuites pendant trois ans.» Cependant, la péremption n'a pas lieu de plein droit, elle doit être formellement demandée ; elle est susceptible de se couvrir par des actes valables faits par l'une ou l'autre des parties (art. 399, C. de proc. civ.), et dans ce cas l'interruption de la prescription ne sera pas non avenue.

La péremption n'éteint pas l'action, elle entraine seulement extinction de la procédure et de l'interruption qui en était la conséquence, sans que l'on puisse, dans aucun cas, opposer aucun des actes de la procédure éteinte ou s'en prévaloir (art. 401, C. de proc. civ.). Il en résulte que l'ajournement disparait et est considéré comme non avenu. Il en résulte encore que puisque l'action n'est pas éteinte, rien n'empêche le demandeur de former une nouvelle demande, pourvu que son droit ne soit pas éteint, ce qui peut arriver, par exemple, si la prescription s'était réalisée avant l'introduction de cette nouvelle demande.

§ IV. *La demande est rejetée.*

Il importe peu que la demande soit rejetée indéfiniment ou seulement quant à présent, comme cela arrive, par exemple, dans le cas où le préliminaire de la conciliation n'a pas été essayé [1], ou bien encore lorsque ce rejet est fondé sur l'impossibilité où se trouve l'autorité judiciaire de prononcer sur la demande jusqu'à ce que l'autorité administrative ait statué sur la validité d'un acte administratif invoqué dans la cause [2].

Nous venons de voir les cas où l'interruption résultant d'une demande en justice est considérée comme non avenue : il nous reste à examiner si, au cas de l'interruption civile, cette dernière exerce quelqu'influence sur le temps voulu pour prescrire.

Il faut sous-distinguer ici entre les divers moyens qui la réalisent :

a) *Citation en justice.* — La seule demande en justice suffit pour faire

1. Zachariæ, MM. Aubry et Rau, Tom. I, p. 450, note 8.
2. Cour de cassation, arrêt du 28 juin 1837.

durer l'interruption tout le temps que dure l'instance : mais si la demande est restée sans poursuites pendant trois années, l'interruption est à considérer comme non avenue, puisque la péremption obtenue en justice opère avec effet rétroactif sur toute la procédure. La nature et le caractère de la prescription ne sont pas changés par un acte interruptif, autrement il faudrait admettre que le seul fait de l'interruption opère novation dans le titre.

Mais, *quid juris*, lorsque des intérêts qui sont prescriptibles par cinq ans sont transformés en capitaux par jugement, et deviennent conséquemment prescriptibles par trente ans, n'y a-t-il pas là substitution d'une prescription plus longue à une autre plus courte ? Dans ce cas la durée de la prescription se trouve, il est vrai, changée, mais ce n'est pas une suite de l'interruption de la prescription, c'est grâce à un titre nouveau qui accorde les intérêts demandés.

b) Commandement. — Dès qu'il y a eu commandement, une nouvelle prescription recommence à courir, et cette nouvelle prescription doit avoir la même durée que l'ancienne : rien n'autorise à supposer qu'un acte interruptif quelconque produise l'effet de substituer une prescription à une autre (M. Troplong, n° 687).

Il y a néanmoins une exception pour la prescription qui exige la bonne foi. Par l'effet du commandement, le possesseur est constitué en mauvaise foi, car il apprend à connaître les titres qui condamnent sa possession : la prescription qui recommence ensuite ne peut donc être qu'une prescription trentenaire, car là où manque la bonne foi, la prescription décennale est impossible (M. Troplong, t. II, n° 688, et t. Ier, n° 46).

c) Saisie. — Tant que durera la saisie, la créance dont on poursuit l'exécution n'a aucun danger à courir, l'interruption dure autant que l'instance. La saisie peut tomber en péremption, mais restera alors le commandement qui avait précédé la saisie et que la péremption ne peut atteindre : ce commandement produit ses effets comme s'il avait été donné en dehors de la saisie.

Si le poursuivant est payé à la suite de la saisie, le paiement éteint la créance, et il ne peut plus être question de prescription; s'il n'est pas payé, ou s'il ne l'est qu'en partie, il faut distinguer : si le débiteur saisi n'a pas contesté la validité de la créance, la prescription nouvelle qui courra à la suite de la saisie aura la même durée que l'ancienne; mais si l'opposition du débiteur a nécessité un jugement qui établisse la validité de la créance, il y aura lieu à la prescription de trente ans, car le jugement constituera titre nouvel en faveur du créancier (M. Troplong, n° 694).

SECTION IV.

DE L'INTERRUPTION PAR RECONNAISSANCE.

Cette interruption est d'une nature toute particulière.

Dans les deux modes d'interruption que nous venons de parcourir, l'interruption ne procède jamais du fait de celui au profit duquel courait la prescription, ici c'est du fait même du prescrivant que résulte l'interruption. Art. 2248 : «La prescription est interrompue par la reconnaissance que le débiteur ou le possesseur fait du droit de celui contre lequel il prescrivait.»

La reconnaissance ne constitue pas à proprement parler une véritable interruption, et ce surtout quant à la prescription aux fins d'acquérir; un des caractères de l'interruption consiste en ce qu'une nouvelle prescription peut commencer lorsque cette interruption a cessé; or, ici ce n'est point le cas, le possesseur qui était en voie de prescrire et qui a reconnu le droit de celui contre lequel il prescrivait, a opéré par là interversion du titre de sa possession, et au lieu de posséder *animo domini*, il ne possède plus qu'à titre précaire, et par conséquent aucune nouvelle prescription ne pourra courir en sa faveur. En matière de prescription aux fins de se libérer, une nouvelle prescription pourra, il est vrai, recommencer à courir, mais elle pourra être d'une durée différente que l'ancienne.

La reconnaissance peut être expresse ou tacite. La première résulte soit d'un acte entre vifs, soit d'une disposition testamentaire faite par celui qui était en voie de prescrire : elle peut aussi résulter d'une lettre missive dont le sens soit clair et précis[1]. Il n'est pas nécessaire que la reconnaissance expresse soit acceptée par le créancier; il suffit qu'elle ne soit pas répudiée pour qu'elle lui profite, nul n'étant censé vouloir perdre et s'appauvrir[2].

La reconnaissance tacite résulte d'un acte qui fait supposer une reconnaissance de la part du prescrivant; par exemple : la dation d'un gage, la prestation d'une caution, le paiement des intérêts d'un capital, la demande d'un délai pour payer, etc..... Que décider relativement aux réserves mises dans le contrat? Il faut distinguer si la réserve provient du créancier ou si elle émane du débiteur lui-même. Si elle provient du créancier, elle sera sans effets, car l'art. 2244 n'admet comme moyens d'interruption de la part du créancier qu'une demande en justice, un commandement ou une saisie : si elle émane du débiteur, il est nécessaire de sous-distinguer si la réserve est générale et vague, ou si elle spécifie la dette réservée. Dans le premier cas, on ne doit pas y avoir égard; dans le second cas, au contraire, il y a reconnaissance suffisante et la prescription est interrompue.

Il y a ici à noter une différence entre l'interruption de la prescription par reconnaissance et la renonciation à la prescription acquise. Si l'acte interruptif a acquis date certaine, il peut être opposé aux créanciers antérieurs et postérieurs du prescrivant, ou à ceux auxquels ce dernier aurait constitué des droits sur ses biens; il en est tout autrement au cas de renonciation à la prescription acquise : cette renonciation ne peut être opposée aux tiers en fraude des droits desquels elle serait faite.

1. D'Argentrée, sur Bretagne : art. 266. Des interr., ch. 5, n° 3. — Cassation, 21 septembre 1830.
2. Pothier, Traité des obligations, n° 692.

Nous sommes arrivés à la question de prorogation de la prescription après son interruption par reconnaissance. Suivant Dunod, la
reconnaissance de la créance prescriptible par cinq ans perpétue et
étend jusqu'à trente ans la prescription de ce qui était dû. Cette pro-
position est beaucoup trop générale; nous admettrons, avec M. Troplong (n° 697), qu'une reconnaissance faite par acte spécial peut avoir
pour effet de changer les conditions de la prescription antérieure.
C'est ce qui arrive quand il y a novation; par exemple, si le débiteur
reconnait par titre devoir une somme provenant d'intérêts, ces intérêts se trouvent ainsi capitalisés, il y aura lieu à la prescription de
trente ans qui est substituée à celle de cinq ans.

Il en serait de même si le débiteur failli a passé avec ses créanciers
un concordat qui change le montant des créances, en accordant une
remise plus ou moins considérable. En effet, les titres anciens dispa-
raissent, et le concordat, devenu le seul titre des créanciers, précédem-
ment porteurs de lettres de change et autres effets commerciaux, opère
une novation qui réagit sur la nature de la prescription et fait courir
exclusivement celle de trente ans.

Quand la reconnaissance n'est que tacite, il ne peut y avoir novation ni dans le titre, ni dans la qualité de la créance; une telle reconnaissance sera donc impuissante à opérer la substitution d'une prescription à une autre, mais elle vaudra comme interruption de prescription.

SECTION V.

EFFETS DE L'INTERRUPTION.

L'effet principal et inévitable de l'interruption en général, résulte
de la définition que nous en avons donnée : c'est de rendre inutile le
temps qui a précédé cette interruption et de substituer en cas de novation, ainsi que nous venons de le voir, une nouvelle prescription à
l'ancienne.

L'interruption de la prescription aux fins d'acquérir profite toujours au véritable propriétaire, quelle que soit la personne qui vienne interrompre la prescription. Mais il n'en est pas de même à l'égard de la prescription aux fins de se libérer : l'inaction, la négligence du créancier est la cause principale de celle-ci, et le fait d'autrui ne saurait empêcher l'inertie de celui au détriment duquel courait la prescription, car celle-ci résulte du non-usage que lui-même fait de son droit.

En matière de prescription à l'effet de se libérer, on peut établir, en règle générale, la maxime : *A persona ad personam non fit interruptio nec active, nec passive.* Toutefois quelques exceptions viennent limiter cette règle, la loi les consacre, *exceptio firmat regulam.*

1º L'interpellation faite à l'un des débiteurs solidaires, ou sa reconnaissance, interrompt la prescription contre tous les autres et même contre leurs héritiers (art. 2249, al. 1). C'est une consécration du principe posé en matière de solidarité par l'art. 1206.

Il faut remarquer ici que la reconnaissance faite par l'un des débiteurs solidaires après l'accomplissement de la prescription ne nuirait pas à ses coobligés, car le droit qui résulte de la prescription de la dette ayant été une fois acquis, le débiteur, qui l'a depuis reconnu, a bien pu par cette reconnaissance renoncer à la prescription pour lui et ses héritiers, mais il n'a pu, par son fait, préjudicier à des droits acquis à des tiers [1].

L'art. 2249, alinéas 2, 3 et 4, contient les dispositions suivantes: «L'interpellation faite à l'un des héritiers d'un débiteur solidaire, ou la reconnaissance de cet héritier, n'interrompt pas la prescription à l'égard des autres cohéritiers, quand même la créance serait hypothécaire, si l'obligation n'est indivisible.

«Cette interpellation ou cette reconnaissance n'interrompt la prescription à l'égard des autres cohéritiers, que pour la part dont cet héritier est tenu.

1. Pothier, Obligat., Tom. II, nº 665.

4

«Pour interrompre la prescription pour le tout, à l'égard des autres codébiteurs, il faut l'interpellation faite à tous les héritiers du débiteur décédé ou la reconnaissance de tous ces héritiers.»

Ces dispositions du Code sont très-justes : elles ne sont que l'application des principes généraux en matière de solidarité, principes d'après lesquels une obligation solidaire se divise entre les héritiers de chacun des débiteurs solidaires qui l'ont contractée.

L'interpellation faite à l'un des héritiers d'un débiteur solidaire ou la reconnaissance de cet héritier ne saurait donc interrompre la prescription à l'égard des autres cohéritiers, quand même la créance serait hypothécaire. Chacun, en effet, n'est tenu personnellement de la dette que pour sa part et hypothécairement pour le tout. Le créancier, par l'interpellation faite à l'un desdits héritiers, n'a usé de son droit d'action personnelle que pour la part dont l'héritier interpellé était tenu ; et il n'a usé de son droit d'hypothèque que sur la part des biens échus à cet héritier interpellé, mais il n'a pas usé de ses droits envers les héritiers ou les biens des héritiers non interpellés. Par conséquent, la prescription qui courait au profit de ces derniers n'est interrompue, ni pour l'action personnelle que le créancier avait contre eux pour les parts dont ils étaient tenus de la dette, ni pour son action hypothécaire sur la part de biens à eux échue (Pothier, obl., n° 663).

Le droit personnel du créancier contre plusieurs débiteurs solidaires est un seul et même droit qui réside en sa personne. C'est pourquoi, en interpellant l'un des débiteurs, il interrompt la prescription nonseulement pour la part du débiteur interpellé, mais pour cette même part contre les autres : le débiteur décédé, relativement au créancier, devait toute la dette ; une partie de celle-ci, ayant été utilement conservée, l'a été, par cela même, vis-à-vis des autres codébiteurs.

2° L'interpellation faite au débiteur principal ou sa reconnaissance interrompt la prescription contre la caution (art. 2250). Ce point avait été dans l'ancienne jurisprudence l'objet de nombreuses controverses, que l'article que nous venons de citer a définitivement tranchées. La réciproque, l'art. 2250, est certaine ; car le droit du créancier est un et identique, tant contre la caution que contre l'obligé principal. Cependant, si la reconnaissance du débiteur principal avait lieu après que la prescription aurait été acquise, elle ne réfléchirait pas contre la caution : de même la reconnaissance faite par la caution après l'échéance de la prescription ne nuirait pas au débiteur principal ; on ne peut, par son fait, préjudicier à des droits acquis et à une libération légalement consommée.

3° La règle : *a persona ad personam non fit interruptio*, subit une troisième exception dans les matières indivisibles (art. 2249, al. 2).

L'interruption opérée contre l'un des héritiers d'un codébiteur a effet contre tous ses cohéritiers, contre les autres débiteurs et les héritiers de ces derniers, en ce que chacun doit toute la dette ; car ce qui est indivisible ne saurait être conservé pour partie seulement (art. 1217 et 1218).

Ces trois cas d'exception sont les seuls que prévoit le Code ; la jurisprudence, par arrêt de la Cour de cassation du 16 février 1820[1], en a admis un autre, en décidant que la demande en garantie formée pendant une instance par le défendeur originaire interrompait la prescription qui avait commencé à courir contre le demandeur principal.

En dehors de ces exceptions, la règle : *a persona* ..... reçoit de nombreuses applications ; c'est ainsi que l'interruption faite contre l'usufruitier ne s'étend pas au propriétaire ; que l'interruption faite par le vendeur pour rescision d'une vente n'a aucune influence sur la position des tiers détenteurs, qui ne sont pas mis en cause et qui continuent à prescrire à l'abri d'une possession non troublée[2] ; que l'interruption provenant du fait d'un légataire contre l'héritier ne profite

---

1. Journal du palais, 3ᵉ édit., Tom. XV, p. 775.
2. Bordeaux, 13 août 1829. Journal du palais, Tom. XXII, p. 1360.

pas aux autres légataires (M. Troplong, n°s 647-658). Nous pensons également avec M. Troplong (t. II, 658-675) 1° que l'interruption ne s'étend pas davantage d'une action à une autre (Cour de cassation, 20 janvier 1824); ainsi l'interruption de l'action hypothécaire n'interrompt pas la prescription de l'action personnelle[1]; 2° que l'interruption ne s'étend pas d'une quantité à une autre. Par exemple : Vous me devez 1000 fr. en vertu d'un prêt et 1000 fr. en vertu d'un testament. Je réclame de vous 1000 fr. d'une manière vague; la prescription ne sera pas interrompue à l'égard de l'une et l'autre dette[2]. Néanmoins l'interruption a lieu du tout à la partie qui lui est connexe; ainsi, en interrompant la prescription pour le principal, on l'interrompt pour les intérêts[3].

CHAPITRE II.

De la suspension.

La suspension de la prescription, suivant M. Troplong, est un accident de droit, qui, faisant sommeiller la prescription, lui oppose un temps de repos, jusqu'à ce que la levée de l'obstacle lui permette de continuer son cours, en liant ses deux extrêmes.

Les dispositions concernant la suspension de la prescription sont, en règle générale, communes à la prescription aux fins de se libérer et à celle aux fins d'acquérir; l'art. 2257, par exemple, forme une exception à cette règle, car il ne s'applique qu'à la première de ces deux prescriptions.

En parcourant les causes dont la loi fait découler la suspension de la prescription, on trouve qu'elles se rattachent toutes à une impossibilité d'agir, reconnue et constatée dans la personne de celui contre

1. M. Troplong, Des Hypoth., Tom. IV, n° 878 bis.
2. D'Argentrée, art. 266. Des Interr., ch. 3, n° 16.
3. D'Argentrée, art. 266. Des Interr., ch. 3, n° 19.

lequel la prescription marche. De là cette fameuse maxime : *Contra non valentem agere, non currit prœscriptio*[1], maxime qui domine en partie cette matière.

Les causes de suspension dérivent soit de causes personnelles, soit de causes étrangères à la personne. C'est sous ces deux divisions que nous allons parcourir les dispositions du Code.

SECTION Ire.

CAUSES PERSONNELLES.

Le principe de cette matière est posé par l'art. 2251 : «La prescription court contre toutes personnes, à moins qu'elles ne soient dans quelque exception établie par une loi.»

Différents décrets et lois consacrèrent des exceptions à cette règle :

La loi du 6 brumaire an V, art. 2, déclara qu'aucune prescription ne pouvait être acquise contre les défenseurs de la patrie et autres citoyens attachés au service des armées de terre et de mer, pendant tout le temps écoulé depuis le départ de leur domicile jusqu'à l'expiration d'un mois après la publication de la paix générale ou après la signature du congé absolu qui leur aurait été délivré avant cette époque. Reconnaissant l'insuffisance de ce délai, la loi du 21 décembre 1814 le prorogea jusqu'au 1er avril 1815 et même jusqu'à une époque plus reculée, suivant l'appréciation des tribunaux, lorsque les militaires qui, n'étant pas rentrés en France le 1er avril 1815, justifieraient en avoir été empêchés par maladie ou tout autre motif légitime. Toute loi abrogée ou périmée et éteinte ne peut être remise en vigueur que par le concours des trois branches du pouvoir législatif; il en résulte que la loi du 6 brumaire an V ne saurait renaître de plein droit en cas de guerre (Grenoble, 22 décembre 1824).

1. Code, L. 1, § 2. De annali exceptione tollenda.

Nous pensons, contrairement à M. Troplong (t. II, n° 703), que la loi de brumaire n'a pas prononcé une véritable suspension de prescription en faveur des militaires, mais qu'elle a seulement entendu leur accorder le délai d'un mois après la signature de leur congé pour se soustraire à la prescription accomplie durant leur absence. Cette loi, en effet, garantit seulement aux militaires qu'aucune prescription ne sera acquise contre eux pendant les délais déterminés, sans déclarer que le cours de la prescription sera suspendu à leur égard; de plus, la loi du 21 décembre 1814 a prorogé ce délai établi par la première loi, précisément à cause de la non suspension de la prescription, et puisque le délai accordé par celle-ci a paru insuffisant (Cour de cassation, 23 novembre 1831 et 8 février 1836 [1]).

Une loi de la Constituante du 1er juillet 1791 suspendit, à partir du 1er novembre 1789 jusqu'au 2 novembre 1794, la prescription contre la nation pour raison des droits corporels et incorporels dépendant des biens nationaux.

Une autre loi du 20 août 1792 suspendit pareillement la prescription qui aurait pu courir à l'égard des droits corporels et incorporels appartenant à des particuliers, à partir du 2 novembre 1789 jusqu'au 2 novembre 1794.

Enfin, un arrêté des consuls du 19 fructidor an X accorde des sursis aux colons de Saint-Domingue relativement aux dettes occasionnées pour ventes d'habitation et de nègres ou pour avances faites à la culture dans cette colonie. Un décret du 20 juin 1807 prorogea ce sursis jusqu'à six mois après la conclusion de la paix maritime ; les lois du 2 décembre 1814, 21 février 1816 et 15 août 1818 le prorogèrent encore, et il expira définitivement à la fin du mois de juillet 1820 [2].

Le principe de l'art. 2251 nous parait devoir être tempéré dans son application par les conséquences de la règle : *Contra non valentem*

1. Journal du palais, Tom. XXIV, p. 348, et Tom. XXVII, p. 1036.
2. Dalloz, verb. Colonies, p. 671.

agere non currit præscriptio. C'est ainsi que la prescription est suspendue par la guerre, la peste et autres désastres.....; ces cas de force majeure ne permettent pas d'agir (Cour de cassation, 5 août 1817[1]). L'exception tirée de la force majeure fut déclarée applicable au cas de l'invasion de l'ennemi et des événements de guerre, pour relever les porteurs des lettres de change et des billets à ordre de la déchéance prononcée par le Code de commerce à défaut de protêt à l'échéance ; l'application de cette décision est abandonnée à la prudence des juges[2].

L'émigration ne suspend pas la prescription. En effet, la prescription ne pouvait pas sommeiller pendant la durée de l'émigration, puisque la loi du 25 juillet 1793, 5e section, art. 11, a nommé l'État représentant des émigrés dans tous leurs droits actifs et passifs.

L'absence également n'est pas une cause de suspension. C'était déjà la règle du Droit romain[3] ; elle comportait néanmoins de nombreuses exceptions, étendues encore avec prodigalité par les docteurs. Mais en Droit français, il est absolument de règle que l'absence n'est ni une cause de suspension, ni une cause de restitution contre la prescription, car il est toujours possible à l'absent de se donner des mandataires (Pothier, Obligat., t. II, n° 649). Si cependant il se présentait des cas où l'absent s'est trouvé dans une véritable impossibilité d'agir, et que cela soit bien justifié, les tribunaux pourraient appliquer la maxime du Droit romain : *contra non.....*

Le failli se trouve dans la même situation que l'absent, il n'y a pas d'exceptions en sa faveur ; d'ailleurs il n'est point dépourvu de défense : la masse des créanciers est intéressée à ne pas laisser périr ses droits, et des agents, c'est-à-dire les syndics, sont chargés de le représenter (Cassat, 23 février 1832[4]).

1. Journal du palais, Tom. XIV, p. 402.
2. Avis du Conseil d'État, du 25 janvier 1814, approuvé par l'empereur le 27 janvier de la même année.
3. Dig. Loi 1 et suiv. Ex quib. causis major.
4. Journal du palais, Tom. XXIV, p. 770.

EXCEPTIONS ÉTABLIES PAR LA LOI.

L'art. 2251 porte : «La prescription court contre toutes personnes, à moins qu'elles ne soient dans quelque exception établie par une loi.» Ce sont ces exceptions que nous allons examiner.

La prescription ne court pas :

§ Ier. *Contre les mineurs.*

Art. 2252 : «La prescription ne court pas contre les mineurs et les interdits, sauf ce qui est dit à l'art. 2278, et à l'exception des autres cas déterminés par la loi.»

La loi romaine n'avait pas à ce sujet des règles bien établies et variait très-souvent. Notre droit coutumier se ressentit de ces variations. Chaque coutume avait pour ainsi dire adopté des décisions différentes. Le Code Napoléon, adoptant celles de la coutume de Paris et d'Orléans, établit le principe de la suspension de la prescription en faveur des mineurs (Pothier, Obligat., n° 647).

Les mineurs ayant pour les représenter un tuteur, on peut en conclure que la disposition du Code n'est pas une conséquence de la maxime : *Contra non...,..*; on a eu égard à la faveur que mérite l'âge de la minorité, et le législateur a évité par là que la négligence d'un tuteur puisse sous ce rapport devenir préjudiciable aux mineurs.

Le mineur ne relève le majeur en fait de prescription que dans les matières indivisibles. Enfin, puisque l'art. 2252 ne distingue pas, nous pouvons aussi décider que la prescription est suspendue à l'égard du mineur émancipé.

§ II. *Contre les interdits.*

La loi romaine ne reconnaissait aucune suspension de prescription en faveur des interdits [1]. Notre droit coutumier n'était pas unanime

1. Dig. Loi 7, § 3. De curat. furios.

dans ses décisions; enfin le Code Napoléon est venu mettre fin à toutes ces divergences d'opinions en accordant à l'interdit la même faveur qu'aux mineurs : l'art. 2252 le dit expressément.

Cet article, que nous citions en parlant des mineurs, contient une restriction qu'il nous reste à examiner ici, parce qu'elle est commune aux mineurs et aux interdits : «La prescription ne court pas....., sauf ce qui est dit à l'art. 2278 et à l'exception des autres cas déterminés par la loi.» D'après l'art. 2278, les prescriptions dont il s'agit dans la section IV, chap. V, au titre de la prescription, c'est-à-dire les prescriptions abrégées, courent contre les mineurs et les interdits, sauf leur recours contre leurs tuteurs. Les motifs de justice et les raisons d'ordre public qui ont créé ces prescriptions ont paru au législateur plus forts encore que la protection due aux mineurs : ceux-ci ont d'ailleurs une garantie suffisante dans la responsabilité des tuteurs.

Quant à l'exception des autres cas déterminés par la loi et dans lesquels par conséquent les mineurs et interdits sont aussi exposés que les majeurs, elle résulte non-seulement du Code Napoléon, comme par exemple : l'action en rescision pour cause de lésion (art. 1676), l'action en réméré (art. 1663); mais aussi d'autres Codes, par exemple : la péremption d'instance (art. 398, C. de proc. civ.), le délai d'appel (art. 444, C. de proc. civ.).....

Les prescriptions édictées par le Code de commerce ne sont pas suspendues par la minorité et l'interdiction (M. Troplong, nº 1038); ainsi, suivant l'art. 2 de ce Code, le mineur émancipé, lorsqu'il a rempli les formalités prescrites par ledit article, est réputé majeur pour tout ce qui concerne son commerce, et par conséquent la prescription court contre lui. Les termes de l'art. 189 du Code de commerce : «Toute action relative aux lettres de change se prescrit par cinq ans», semblent exclure toute exception et faire courir la prescription contre les mineurs non marchands et les interdits; c'est, du reste, ce qui avait été établi par l'art. 22 de l'édit de Louis XIV du mois de mars 1673.

5

§ III. *La prescription ne court pas entre époux.*

L'art. 2253, qui contient cette disposition : «Elle (la prescription) ne court pas entre époux», ne distingue pas si les époux sont séparés ou non ; nous ne devons pas distinguer non plus ; en effet, le mariage subsiste, et il exclut tout ce qui est de nature à ajouter à la froideur des époux.

Pour justifier cet article, nous ne croyons pouvoir mieux faire que de citer les paroles même de l'orateur du gouvernement, M. Bigot de Préameneu :

«Quant aux époux, dit l'orateur du gouvernement, il ne peut y «avoir de prescription entre eux. Il serait contraire à la nature de la «société du mariage que les droits de chaque époux ne fussent pas «respectés et conservés. L'union intime qui fait leur bonheur est en «même temps si nécessaire à l'harmonie de la société, que toute oc-«casion de la troubler est écartée par la loi. Il ne peut y avoir de pres-«cription, quand il ne peut même y avoir d'action pour l'interrompre.»

§ IV. *Dans certains cas la prescription ne court pas contre la femme mariée.*

Il nous paraît nécessaire, pour mieux comprendre les questions que peut soulever cette matière, de distinguer les différents régimes sous lesquels une femme peut se marier. Le Code en distingue quatre : 1º Le régime de communauté ; 2º le régime exclusif de communauté; 3º le régime de séparation de bien, et 4º le régime dotal.

L'art. 2254 porte : «La prescription court contre la femme mariée encore qu'elle ne soit pas séparée par contrat de mariage ou en justice, à l'égard des biens dont le mari a l'administration, sauf son recours contre le mari.»

Il en résulte que sous les deux premiers régimes la prescription pourra atteindre les meubles et immeubles que la femme y aura apportés; les meubles et actions mobilières qui lui sont propres, et enfin les immeubles qui lui sont propres. En effet, le mari a l'administration légale de tous ces biens.

Sous le régime de séparation de biens, la capacité de la femme étant moins restreinte, il s'en suit que la prescription a plus de prise sur ses droits. Enfin sous le régime dotal, si la femme s'est réservé des paraphernaux ou si les immeubles constitués en dot ont été déclarés aliénables par le contrat de mariage, les tiers pourront les acquérir par la prescription. Mais si les immeubles sont stipulés dotaux purement et simplement, ils sont inaliénables et imprescriptibles, et la prescription ne pourra commencer à courir contre eux qu'après la dissolution du mariage

Dans tous ces cas, en effet, la femme n'était point dans l'impossibilité d'agir comme le mineur, puisqu'elle peut se faire autoriser en justice à défendre ses droits que son mari laisserait périr; il était donc tout naturel que le législateur ordonnât que la prescription fût acquise par des tiers à son préjudice, sauf son recours contre son mari. Ce recours nous semble juste et équitable, car en fait, le mari étant au courant des affaires de sa femme et possédant toute sa confiance, il doit prendre les moyens de maintenir ses droits, et lorsqu'il manque à son devoir, le recours de sa femme contre lui n'est qu'un juste châtiment de sa négligence. Ce recours toutefois ne doit être admis que s'il y a eu véritablement faute ou négligence de la part du mari (M. Troplong, n° 761).

Si la prescription doit courir contre la femme pour les biens qu'administre le mari, à plus forte raison doit-elle courir contre elle pour les biens qu'elle administre elle-même.

Mais voyons actuellement les cas où la prescription est suspendue en faveur de la femme mariée. Ce sont :

1° Art. 2255 : «La prescription ne court pas pendant le mariage à l'égard de l'aliénation d'un fonds constitué selon le régime dotal, conformément à l'art. 1561.» Cet article porte :

«Les immeubles dotaux, non déclarés aliénables par le contrat de mariage, sont imprescriptibles pendant le mariage, à moins que la prescription n'ait commencé auparavant. — Ils deviennent néanmoins prescriptibles après la séparation de biens, quelle que soit l'époque à laquelle la prescription a commencé.»

Il y a donc deux exceptions à l'art. 2255.

a) La suspension de prescription cesse à l'égard des immeubles dotaux lorsque la prescription aura commencé à courir avant le mariage.

b) Il n'y aura pas suspension de prescription lors de la séparation de biens prononcée pendant le mariage. Et c'est de toute justice, car la femme peut dans ce cas agir par elle-même et interrompre les prescriptions ; cependant, si l'action de la femme devait réfléchir contre le mari, la prescription, aux termes de l'art. 2256, ne devrait pas courir (Cassation, 24 juin 1817)[1].

L'art. 2255 ne parle que des immeubles : il en résulte que les créances et autres meubles dotaux pouvant être aliénés sont également prescriptibles.

Lorsque la femme fait usage du recours que lui accorde la loi, le cas d'insolvabilité du mari et, par conséquent, l'inefficacité de ce recours ne peuvent faire restituer la femme contre les prescriptions acquises à des tiers. En effet, il n'eût pas été juste que des tiers qui ont prescrit à l'ombre de la loi fussent privés, pour un motif qui ne leur est pas imputable, d'un bénéfice introduit pour consolider la propriété.

2° Art. 2256, alin. 1er : «La prescription est encore suspendue : 1° Dans le cas où l'action de la femme ne pourrait être exercée qu'après une option à faire sur l'acceptation ou la renonciation à la communauté.» C'est tout naturel. L'action de la femme n'est pas encore ouverte ; pour agir, il faut qu'elle attende l'événement qui déterminera

1. Journal du palais, Tom. XIV, p. 508.

son choix (art. 2257). Ainsi, dans le cas du retrait d'indivision [1], l'option ne peut s'exercer qu'après la dissolution de la communauté, et par conséquent la prescription est suspendue en faveur de la femme quant à l'immeuble dont parle cet article.

3° Art. 2256, alin. 2. «La prescription est suspendue: 2° Dans le cas où l'action réfléchirait contre le mari.» L'article nous en donne lui-même un exemple, c'est le cas où le mari ayant vendu le bien propre de la femme sans son consentement, est garant de la vente. Ce cas n'est pas le seul, et l'art. 2256, alin. 2, peut encore recevoir de nombreuses applications. — Le même principe qui a dicté l'art. 2253 animait le législateur lorsqu'il a écrit la disposition que nous venons d'examiner. La femme ne pourra intenter une action contre le tiers acquéreur de son bien, sans forcer celui-ci à se retourner contre le mari, et alors que deviendrait la paix du ménage? Quelle entrave au bonheur des époux? Le législateur a voulu éviter ces conséquences et il l'a fait avec l'autorité de tous nos anciens auteurs et des coutumes [2].

§ V. *La prescription ne court pas contre l'héritier bénéficiaire à l'égard des créances qu'il a contre la succession.*

C'est l'art. 2258, alin. 1er, qui porte cette disposition. Le temps de la prescription ne peut courir dans ce cas ; en effet, représentant de la succession, chargé de la détenir, de l'administrer et de la défendre [3], il faudrait que l'héritier bénéficiaire s'actionnât lui-même et qu'il jouât le double rôle de demandeur et de défendeur [4].

1. Art. 1408, al. 2, Cod. Nap.
2. Lebrun ; Dunod ; Pothier ; Merlin ; Vazeille . . . . . Anjou ; Maine ; Reims ; Berry ; Bourbonnais. . . . .
3. Art. 803, Cod. Nap.
4. Pothier, Obligat., n° 646. — M. Troplong, n° 804.

De même la prescription ne court pas au préjudice de la succession en faveur de l'héritier; ceci ne souffre aucune difficulté; en effet, l'héritier bénéficiaire étant administrateur de la succession, c'est de lui-même qu'il devrait exiger, une dette par exemple, et, s'il ne le faisait pas, il serait responsable de sa négligence.

L'art. 2258 est formel et ne distingue pas; nous ne pouvons donc adhérer à l'opinion de M. Troplong [1], qui soutient que si l'héritier bénéficiaire n'est pas seul héritier, la prescription court contre lui à l'égard des portions de sa créance mises à la charge des autres créanciers pour leurs portions viriles.

Le second alinéa de l'art. 2258 porte que la prescription court contre une succession vacante, quoique non pourvue de curateur.

C'est avec raison que le Code a admis cette décision; en effet, les créanciers qui ont intérêt à la conservation des droits de cette succession étaient à portée de faire nommer un curateur à cette succession; ils ne pourront donc invoquer la règle : *Contra non valentem*..... (Pothier, Oblig., n° 650).

La prescription court pareillement suivant l'art. 2259, pendant les trois mois pour faire inventaire et les quarante jours pour délibérer. Pothier avait déjà enseigné cette opinion; le législateur, en la confirmant, s'est appuyé sur cette considération que, pendant ces délais, l'héritier ne peut être poursuivi par les créanciers de la succession, mais que cependant la prescription doit courir contre lui, car il avait le pouvoir de faire tous les actes conservatoires et, par conséquent, d'interrompre les prescriptions. Il n'est donc pas dans le cas de la règle : *Contra non valentem*.....

Réciproquement, la prescription court contre les créanciers de la succession pendant le même laps de temps, au profit de cette dernière.

1. M. Troplong, n° 805.

SECTION II.

CAUSES NON PERSONNELLES.

L'art. 2257 nous présente trois cas où la prescription est suspendue non en faveur de certaines personnes, mais en raison de l'impossibilité où elles se sont trouvées d'agir.

Ces cas existent : 1° A l'égard d'une créance qui dépend d'une condition, jusqu'à ce que la condition arrive; 2° à l'égard d'une action en garantie, jusqu'à ce que l'éviction ait lieu; 3° à l'égard d'une créance à jour fixe, jusqu'à ce que ce jour soit arrivé.

Le principe qui domine ces trois exceptions, c'est que tant qu'une action n'est pas née, l'exercice en est prématuré et frustratoire.

La prescription ne peut en effet opérer contre quelqu'un que dès l'instant qu'il a eu intérêt à agir. *Apertissima definitione sancimus..... nullam temporalem exceptionem opponi, nisi ex quo actionem movere potuerit.... quis enim incusare eos potuerit si hoc non fecerint quod minime adimplere valebant* [1]. Tels sont les termes dont se servait déjà le Droit romain à ce sujet.

De ce principe résultent les corollaires que nous énumère l'art. 2257; nous allons les examiner.

§ Ier. *La prescription ne court pas à l'égard d'une créance qui dépend d'une condition, jusqu'à ce que la condition arrive.*

Il nous paraît nécessaire de faire une distinction entre la condition suspensive et la condition résolutoire.

Quand la condition est suspensive, aux termes de l'art. 1181, l'obligation ne peut être exécutée qu'après l'événement de la condition; dans le cas qui nous occupe, ce ne sera donc qu'à l'arrivée de la con-

1. Cod. L. 1, § 2. De annali except.

dition que la prescription commencera à courir. Il en est différemment quand la condition est résolutoire, car elle n'arrête point l'effet du contrat et ne laisse aucune incertitude sur le droit du créancier de l'obligation (argum., art. 1183).

La suspension a-t-elle lieu lorsque l'immeuble affecté à la sûreté d'une créance conditionnelle passe entre les mains d'un tiers? La prescription court nécessairement au profit du nouveau propriétaire du jour de son contrat; car à son égard la condition pas plus que le terme ne peuvent avoir d'influence sur la prescription (argum., art. 2180, 4°). Rien n'empêche du reste le créancier de faire des actes conservatoires; s'il n'en fait pas, il y a négligence de sa part et il doit en supporter les conséquences.

§ II. *La prescription ne court pas à l'égard d'une action en garantie, jusqu'à ce que l'éviction ait eu lieu.*

Tant que l'acquéreur n'est pas troublé, il n'a aucune action à exercer; or, si l'action demeure suspendue, il est évident que la prescription de cette action le sera aussi. En effet, s'il n'y a eu trouble, quelle raison y aurait-il d'agir en garantie contre le vendeur?

§ III. *La prescription ne court pas à l'égard d'une créance à jour fixe, jusqu'à ce que ce jour arrive.*

Ou bien le terme est certain, ou il est incertain.

Dans le premier cas, notre article déclare expressément que la prescription est suspendue.

Dans le second cas, on reste dans l'hypothèse d'une créance conditionnelle, car : *Dies incertus pro conditione habetur*, et alors l'art. 2257, alin. 1er, est applicable.

Lorsqu'une dette est payable en plusieurs termes, la prescription commencera à courir du jour de l'expiration du premier terme, et ne courra pour les autres parties que du jour de l'expiration des autres termes auxquels elles sont payables.

Nous pourrions terminer ici notre tâche, mais elle nous paraîtrait incomplète, si, dans un dernier chapitre, nous ne mettions en relief les caractères principaux qui distinguent l'interruption de la suspension.

CHAPITRE III.

Différence entre l'interruption et la suspension.

L'interruption de prescription a pour effet de rendre inutile le temps qui a précédé cette interruption, et une nouvelle prescription peut recommencer à courir, comme si elle n'avait jamais eu aucun principe d'existence.

La suspension, au contraire, laisse subsister la possession préexistante et ne fait que lui opposer un point d'arrêt, de telle sorte que, lorsque la suspension cesse, le temps qui recommence à courir se lie avec le temps acquis au moment de la suspension, et compte pour calculer et parfaire le délai légal.

INSTRUCTION CRIMINELLE.

DES DÉLITS COMMIS EN PAYS ÉTRANGER.

(Art. 5, 6, 7, Instr. crim.)

INTRODUCTION.

En principe général, les tribunaux français sont incompétents pour connaître des crimes et délits commis hors de l'empire. Le droit de punir est fondé sur le devoir imposé à tous les gouvernements de maintenir l'ordre public sur leurs territoires, c'est une des conséquences de la souveraineté; lors donc que le territoire finit, lorsque la souveraineté elle-même cesse, le droit de punir n'a plus de raison d'existence.

Ce principe n'était pas méconnu par notre ancienne jurisprudence, mais l'on distinguait différents cas pour son application; c'est ce que nous apprend Jousse dans son ouvrage : De la justice criminelle[1].

La loi du 3 brumaire an IV avait maintenu le principe en le corrigeant par les exceptions des art. 11, 12 et 13 de cette loi.

---

1. Tom. Ier, p. 422-428, nos 31-37, 39-43.

Enfin, le Code d'instruction criminelle, en spécifiant les cas dans lesquels les Français ou les étrangers peuvent être poursuivis en France pour crimes commis en pays étranger, suppose, par cela même, le principe général qui domine cette matière.

PREMIÈRE PARTIE.

Principe général et question qui s'y rattache.

Nous avons énoncé et justifié le principe général de la matière, savoir que les tribunaux français sont incompétents pour connaître des crimes et délits commis hors de l'empire.

Faut-il conclure de ce principe que les tribunaux français seraient incompétents pour prononcer sur un crime commencé en France et consommé à l'étranger, ou sur un crime commencé en pays étranger et consommé en France? Il résulterait de la discussion qui a eu lieu au conseil d'État que les tribunaux français seraient compétents pour juger les délits commencés sur le territoire français et consommés en pays étranger. Mais nous n'adopterons pas d'une manière générale et absolue cette décision. Nous distinguerons avec M. Mangin si les actes faits en France, et par lesquels le délit consommé ou commencé en pays étranger, a commencé ou a été consommé, constituent par eux-mêmes un délit réprimé par la loi française ou s'ils n'en constituent pas. Dans le premier cas, les tribunaux français seront compétents pour connaître du tout; mais, dans le second cas, ils seront absolument incompétents pour connaître soit de ce qui a été fait en France, soit de ce qui a été fait en pays étranger. Serait donc punissable en France l'auteur d'un meurtre commis en tirant du territoire français un coup de fusil sur un homme placé sur un territoire étranger, et réciproquement. En effet, la tentative de meurtre et la réalisation de ce meurtre sur le territoire français constituent par eux-mêmes des crimes, abstraction faite de ce qui s'est passé sur le territoire étranger. Il en serait différemment, si les tribunaux français devaient connaître d'un vol commis à l'étranger et par suite duquel les objets auraient été vendus en France.

DEUXIÈME PARTIE.

Exceptions au principe général.

L'art. 5 porte à ce sujet : «Tout Français qui se sera rendu coupable, hors du territoire de France, d'un crime attentatoire à la sûreté de l'État, de contrefaçon du sceau de l'État, de monnaies nationales ayant cours, de papiers nationaux, de billets de banques autorisés par la loi, pourra être poursuivi, jugé et puni en France, d'après les dispositions des lois françaises.» La loi n'exigeant pas que le Français soit arrêté, il s'en suit qu'il pourra être procédé contre lui par contumace. Les poursuites devront être faites par le procureur impérial du lieu où réside le prévenu, ou par celui du lieu où il pourra être trouvé, ou par celui de sa dernière résidence connue[1].

Mais dans le cas où le lieu de la dernière résidence serait inconnu, quel sera le tribunal compétent pour connaître du fait ? Nous pensons avec MM. Bourguignon et Carnot qu'il faudra s'adresser à la Cour de cassation qui procèdera par la voie de règlement de juges[2]. Quelques auteurs, invoquant les dispositions du décret du 6 avril 1809, ont voulu que les tribunaux de Paris fussent compétents en ce cas; mais c'est à tort, parce que ces dispositions étant tout exceptionnelles, rien n'autorise à les étendre à d'autres cas que ceux pour lesquels elles ont été spécialement portées[3].

1. Art. 24, Instr. crim.
2. Arrêts du 23 fructidor an XIII et du 6 juin 1811.
3. Ce décret est relatif aux Français qui se trouvent chez une nation étrangère au moment où la guerre éclate entre la France et cette nation ; et à ceux qui sont rappelés d'un pays étranger avec lequel la France n'est pas en guerre.

L'art. 5 est un article d'exception, il ne parle que des crimes attentatoires à la sûreté de l'État ; nous ne pouvons l'étendre aux délits, encore moins aux simples contraventions attentatoires à la sûreté de l'État.

Le sceau de l'État, qui est entre les mains du ministre de la justice, offre une des garanties des actes de l'autorité publique : toute contre faction, même en pays étranger, peut devenir funeste à l'État ; c'est pour cela que l'art. 5 cite ce cas. Il en serait évidemment de même de la contrefaction de monnaies nationales ayant cours, de papiers nationaux, de billets de banques autorisés par la loi.

Parmi les crimes attentatoires à la sûreté de l'État qui sont jugés et punis en France d'après les lois françaises, il en est qui donnent lieu à des formes et à une instruction toutes spéciales. Ce sont les crimes des Français coupables d'avoir porté les armes contre la France ; de ceux qui, étant chez une nation étrangère au moment où la guerre éclate entre la France et cette nation, auraient négligé de remplir les obligations que leur impose le décret du 6 avril 1809 ; de ceux enfin qui, rappelés d'un pays étranger avec qui la France n'est pas en guerre, auraient également négligé de remplir les obligations qui leur sont imposées par le même décret.

L'art. 6 porte : «Cette disposition pourra être étendue aux étrangers qui, auteurs ou complices des mêmes crimes, seraient arrêtés en France, ou dont le gouvernement obtiendrait l'extradition.» La rédaction de cet article n'est pas bien nette, il porte : Cette disposition *pourra être.....*

Faut-il considérer cet article comme une réserve du droit de pouvoir appliquer la disposition de l'art. 5 ? C'est l'opinion de M. Carnot, mais nous ne pouvons l'admettre ; en effet, le droit de faire une loi postérieure n'a pas besoin d'être réservé dans une loi antérieure.

D'ailleurs, cette opinion se trouve formellement repoussée par M. Treilhard, orateur du gouvernement : «L'art. 6, dit-il, applique la

même disposition aux étrangers......» C'est aussi l'avis de MM. Bourguignon[1], Legraverend[2], Rauter[3] et Mangin[4].

L'art. 6 n'exige pas, pour que sa disposition soit applicable, que le
crime commis en pays étranger par un étranger ait eu un commencement d'exécution en France[5].

L'étranger coupable de l'un des crimes prévus par les art. 5 et 6
ne peut être poursuivi et jugé en France qu'autant qu'il y aurait été
arrêté loyalement ou que le gouvernement français en aurait obtenu
l'extradition. Si, par exemple, l'étranger avait été entraîné en France
par des moyens violents, ou attiré par la fraude, ou même par l'effet
d'une force majeure[6], il ne pourrait être jugé en France.

La finale de l'art. 6 nous porte à parler de l'extradition, mais cette
question nous paraît tellement importante que nous nous réservons
de la traiter dans une troisième partie.

L'art. 7 contient la disposition suivante: «Tout Français qui se sera
rendu coupable, hors du territoire du royaume, d'un crime contre un
Français, pourra, à son retour en France, y être poursuivi et jugé,
s'il n'a pas été poursuivi et jugé en pays étranger, et si le Français
offensé rend plainte contre lui.» Cet article exige deux conditions:
1° Celle du retour en France du Français qui a commis le crime en
pays étranger; 2° celle d'une plainte portée par le Français offensé.
Nous pouvons en conclure avec M. Boitard[7] que le motif de cette disposition a été d'empêcher les querelles et les vengeances privées que

1. Jurisprudence des Codes criminels. Art. 5 à la fin.
2. Traité de la législation criminelle. Tom. II, p. 95.
3. Traité de droit criminel français. Tom. I, n° 54.
4. Traité de l'action publique et de l'action civile en matière criminelle. T. I,
n°s 64 et 65.
5. Avis du Conseil d'État, 13 décembre 1804.
6. Analogie de l'arrêté des consuls, 18 frimaire an VIII, en faveur des émigrés
français naufragés à Calais.
7. Leçons sur le Code d'instr. crim., p. 28 et 29.

pourraient exciter en France la présence du coupable qui y serait rentré, et qui, malgré les réclamations du Français à l'étranger, se trouverait à l'abri de toute peine.

Il résulte de cet article que les officiers du ministère public ne peuvent agir d'office dans les cas sur lesquels statue cet article, et c'est de toute équité ; en effet, il ne s'agit point de réprimer un trouble causé à la société dans la juridiction du prince dont ils sont les délégués, mais seulement de réparer un tort particulier souffert par un Français dans les États d'un prince étranger.

Enfin, l'art. 7 ne permet les poursuites en France qu'autant que des poursuites suivies de jugements n'ont point déjà eu lieu en pays étranger. En effet, les tribunaux français ne sont compétents pour ce cas qu'exceptionnellement ; les véritables juges compétents sont ceux du territoire sur lequel le crime a été commis : la loi n'a pas dû apporter exception à ce principe, lorsque déjà le Français à qui le crime est imputé avait subi les épreuves d'un procès intenté devant le tribunal véritablement compétent et qui, mieux que tout autre tribunal, était en position d'apprécier ce qui concernait ce fait. Il n'est pas nécessaire que le Français ait été puni en pays étranger pour que des poursuites ne puissent point être dirigées contre lui, il suffit qu'il ait été jugé, quel que soit du reste le résultat du jugement, que ce soit la condamnation, l'absolution ou l'acquittement[1].

Un Français condamné en pays étranger pour crime commis envers un autre Français se réfugie en France pour ne pas subir sa peine ; l'exécution du jugement pourra-t-elle être poursuivie contre lui en France ? Nous ne le pensons pas, et nous fondons notre décision sur la disposition de l'art. 7 ; en effet, si le Français poursuivi et jugé en pays étranger ne peut être poursuivi et jugé de nouveau en France, sur quel droit se fonderait-on pour faire exécuter en France la condamnation pénale prononcée contre lui par le tribunal étranger[2] ?

1. M. Rauter, n° 54.
2. MM. Mangin, n° 70, et Rauter, n° 54.

La Cour de cassation [1] a décidé que lorsqu'un assassinat ou un meurtre avait été consommé sur un Français, hors du territoire du royaume, par un autre Français, le droit de porter plainte, pour que l'action publique puisse être exercée en France, aux termes de l'art. 7 du Code d'instruction criminelle, passe à tous les individus de la famille du défunt, non par droit d'hérédité, mais par droit d'affection.

La chambre des députés (13 et 14 avril 1842) a adopté une disposition destinée à remplacer l'art. 7 du Code d'instruction criminelle; elle est conçue dans les termes suivants :

«Tout Français qui se sera rendu coupable hors du royaume, soit contre un Français, soit contre un étranger, d'un fait qualifié crime ou délit par la loi française, pourra, à son retour en France, y être poursuivi et jugé à la requête du ministère public, s'il n'a pas été jugé définitivement en pays étranger.

«En cas de délit, il ne pourra être dirigé de poursuites que sur la plainte de la partie lésée ou sur l'avis officiel des autorités du lieu où le délit aura été commis.

«A l'égard des délits commis hors du royaume par un Français contre un étranger, il ne pourra être dirigé de poursuites par le ministère public que dans les cas qui auront été déterminés entre la France et les puissances étrangères par des conventions diplomatiques.»

Le gouvernement n'avait réclamé le droit de poursuivre que pour les crimes; la disposition du 13 avril 1842 l'étend aux simples délits. Il faut dans ce cas la plainte de la partie lésée ou l'avis officiel des autorités du lieu où le délit aura été commis; en effet, les simples délits intéressent moins l'ordre public que les crimes proprement dits.

Enfin, pour éviter de trop grands frais et dans la crainte du refus

1. Arrêt du 17 août 1832. Bullet. 2° 311.

de déposition de la part des témoins étrangers, le gouvernement a adopté la disposition suivante :

«En cas de poursuites pour crimes ou délits commis en pays étranger, la Cour de cassation peut, sur la demande du ministère public ou des parties, renvoyer la connaissance de l'affaire à l'un des tribunaux les plus voisins du lieu où a été commis soit le crime, soit le délit.»

TROISIÈME PARTIE.

De l'extradition.

L'extradition est l'acte par lequel un État livre le prévenu d'une infraction commise hors de son territoire à un autre État compétent pour juger cette infraction et la punir.

Le gouvernement français peut accorder l'extradition du prévenu, qui, après s'être rendu coupable en pays étranger ou même en France d'un crime grave contre le gouvernement étranger, se trouverait en France, ou qui, après avoir commis en pays étranger un crime grave contre l'un des sujets du gouvernement de ce pays, se serait réfugié en France.

Et réciproquement le gouvernement français peut demander à un gouvernement étranger l'extradition de l'individu qui, après s'être rendu coupable soit en France, soit même, dans les différents cas prévus par les art. 5, 6 et 7 (C. d'inst. crim.), hors de France, contre le gouvernement français ou contre un particulier, se trouverait en pays étranger.

Nous avons fait remarquer que quand le crime a été commis contre un particulier étranger, l'extradition ne peut être accordée qu'autant que le crime a été commis en pays étranger. Ce qui nous fait établir cette distinction, c'est que dans le cas de crime commis en France contre un particulier étranger, les tribunaux français sont compétents pour juger le coupable; il eût, en effet, paru étrange qu'on aban-

7

donnât à un tribunal étranger le soin d'infliger la peine, lorsque la composition de ce tribunal pouvait ne pas présenter les garanties nécessaires pour la bonne administration de la justice ; et de plus, le crime ayant été commis en France, l'intérêt du bon exemple demande que la répression ait lieu dans l'endroit même où il a été commis.

Le mot extradition s'entend de la remise d'un étranger entre les mains du gouvernement de qui il relève. Ce n'est qu'exceptionnellement qu'un gouvernement livre ses propres sujets. Un décret impérial du 23 octobre 1811 indique la manière dont l'extradition d'un Français pourrait être demandée au gouvernement français et accordée par lui. Il exige que la demande d'extradition soit faite par le gouvernement qui se prétend offensé, et qu'il y ait de graves et légitimes motifs, reconnus et jugés tels par le gouvernement français. Dans le cas où l'extradition serait accordée, le gouvernement français devrait acquérir la certitude que la composition du tribunal étranger présenterait au Français toute garantie d'impartialité et que la peine infligée par la législation étrangère ne serait point hors de proportion avec le crime. Mais l'essentiel, c'est qu'il est d'obligation pour le gouvernement français de s'assurer de la culpabilité du sujet qui doit être extradé.

Nous ne pouvons énumérer ici tous les cas d'extradition : ils résultent en général des traités passés avec les puissances étrangères[1],

---

1. *Traités d'extradition.*

Entre la France et l'Espagne, conclu le 29 septembre 1765.

Entre la France et la Suisse, conclu le 4 vendémiaire an XII.

Entre la France et la Belgique, conclu le 22 novembre 1834, publié le 19 décembre 1834. — Bullet. n° 5618.

Entre la France et la Sardaigne, conclu le 16 déc. 1838. — Bullet. n° 7716.

Entre la France et l'Angleterre, conclu le 13 février 1843, publié le 18 mars suivant. — Bullet. n° 10751.

Entre la France et le duché de Lucques, conclu le 10 nov. 1843, publié le 25 janvier 1844. — Bullet. n° 11131.

mais nous pouvons établir quelques règles qui dominent tous les traités et s'appliquent à toutes les extraditions.

1° L'extradition est une mesure qui n'est jamais accordée par la France à raison de crimes politiques.

2° L'extradition est limitée aux faits qualifiés crimes et punis d'une peine afflictive et infamante. Cette règle n'est pas strictement applicable, car on prendra en considération autant la gravité de l'infraction que la qualification du législateur.

3° La liste des crimes que renferment les traités est en général purement indicative, mais pour ajouter des conventions particulières, il faut deux conditions : que le fait soit qualifié crime par la loi pénale, et que l'État qui demande l'extradition s'engage à la réciprocité dans le même cas.

4° L'extradition qui n'est pas renfermée dans les limites des traités s'exécute entre les divers États, lors même qu'ils ne sont liés par aucune convention.

Entre la France et les États-Unis d'Amérique, conclu le 9 nov. 1843, publié le 12 Juin 1844. — Bullet. n° 11314. — Article additionnel du 11 août 1845. — Bullet. n° 12186.

Entre la France et le duché de Bade, conclu le 27 juin 1844, publié le 24 août suivant. — Bullet. n° 11462.

Entre la France et la Toscane, conclu le 11 sept. 1844, publié le 28 nov. suivant. — Bullet. n° 11658.

Entre la France et le grand-duché de Luxembourg, conclu le 26 sept. 1844, publié le 6 décembre suivant. — Bullet. n° 11669.

Entre la France et les Pays-Bas, conclu le 7 nov. 1844, publié le 29 janvier 1845. — Bullet. n° 11795.

Entre la France et le royaume des Deux-Siciles, conclu le 14 juin 1845, publié le 11 août suivant. — Bullet. n° 12185.

Entre la France et la Prusse, conclu le 21 juin 1845, publié le 30 juin suivant. — Bullet. n° 12221.

Entre la France et la Bavière, conclu le 23 mars 1846, publié le 28 mai de la même année. — Bullet. n° 12757.

Quant à la forme de l'extradition, nous distinguerons entre la demande d'extradition et la concession de cette mesure.

Relativement à la demande, elle ne peut être adressée que par le gouvernement : à cet effet le procureur impérial transmet les renseignements parvenus au parquet au procureur général avec les pièces à l'appui : ces pièces sont adressées par ce dernier magistrat à M. le garde des sceaux. On lance alors un mandat d'arrêt dans le pays étranger : ce mandat n'est pas toujours suffisant, cela dépend des différents traités.

Si l'extradition est accordée et le prévenu arrêté, il est d'abord remis à l'autorité administrative qui le livre immédiatement à l'autorité judiciaire.

L'exécution des actes d'extradition peut donner lieu à des incidents contentieux, soit lorsqu'il s'agit d'étrangers, qu'une ordonnance impériale livre aux gouvernements étrangers soit lorsqu'il s'agit de Français que les gouvernements étrangers livrent à la France.

Dans la première hypothèse, si l'étranger est l'objet d'une condamnation en France, il ne sera livré qu'après avoir subi sa peine; s'il est l'objet d'une poursuite à raison d'un délit commis en France, il ne sera livré qu'après que le jugement aura été rendu : s'il lui est favorable, l'ordonnance sera immédiatement exécutée; dans le cas contraire il ne sera livré qu'après que la peine aura été subie.

Si l'étranger, au moment de l'extradition, est poursuivi et écroué au nom de ses créanciers, il sera néanmoins extradé, car ce n'est que dans l'intérêt de la vindicte publique que l'extradition peut être retardée.

Dans la seconde hypothèse, c'est-à-dire, quand il s'agit de Français que les gouvernements étrangers livrent à la France, les difficultés sont plus graves. Un Français réfugié en pays étranger est réclamé par la France et lui a été livré : traduit devant les tribunaux, il peut élever des exceptions fondées soit sur l'illégalité de l'acte qui l'a livré, soit sur les termes restrictifs ou conditionnels de cet acte. Comment faudra-t-il statuer? Le prévenu peut invoquer toutes les nullités dont peuvent être entachés les actes en vertu desquels il a été arrêté, et de plus, les réclamations à cet égard doivent être portées devant la cour d'assises qui est seule compétente pour les apprécier. Si elle juge la fin de non-recevoir dénuée de fondement, elle peut immédiatement passer outre au jugement. Si au contraire l'exception lui paraît fondée, elle surseoira aux débats jusqu'à ce qu'il ait été statué par l'autorité compétente.

Pour terminer notre sujet, il ne nous reste plus qu'à poser deux règles essentielles en cette matière :

1º Le prévenu extradé ne doit pas être mis en jugement pour un fait autre que celui qui est l'objet de l'extradition, ce fait fût-il un délit connexe du crime qui a occasionné l'extradition.

2º La légalité de l'extradition doit être appréciée par le titre originaire de la poursuite ou de l'accusation, et non par la qualification que le fait a pu recevoir dans l'arrêt de condamnation par suite de l'admission de circonstances atténuantes.

Vu par le professeur soussigné Président de l'acte public.

Strasbourg, le 3 août 1857.

HEIMBURGER.

Permis d'imprimer :

Strasbourg, le 4 août 1857.

Le Recteur, DELCASSO.

www.ingramcontent.com/pod-product-compliance
Lightning Source LLC
Chambersburg PA
CBHW030932220326
41521CB00039B/2150